U0612568

数字经济与粮食
全要素生产率

魏同洋　张　益　杨荣超　著

中国农业出版社
北　京

图书在版编目（CIP）数据

数字经济与粮食全要素生产率 / 魏同洋，张益，杨荣超著. -- 北京：中国农业出版社，2024.11.
ISBN 978-7-109-32830-3

Ⅰ. F492；F326.11

中国国家版本馆 CIP 数据核字第 20241J6U47 号

中国农业出版社出版

地址：北京市朝阳区麦子店街 18 号楼
邮编：100125
责任编辑：赵　刚
版式设计：王　晨　　责任校对：吴丽婷
印刷：北京印刷集团有限责任公司
版次：2024 年 11 月第 1 版
印次：2024 年 11 月北京第 1 次印刷
发行：新华书店北京发行所
开本：880mm×1230mm　1/32
印张：1.75
字数：35 千字
定价：28.00 元

前　　言

　　农稳社稷，粮安天下。自古以来，粮食安全都是治国安邦的头等大事，事关国运民生，是国家安全的重要基础。党的二十大报告强调，全面推进乡村振兴必须全方位夯实粮食安全基础，确保粮食和重要农产品稳定安全供给，牢牢守住保障国家粮食安全底线。2023年中国粮食总产量达到13 908.2亿斤，连续9年稳定在1.3万亿斤以上。然而，新时代粮食安全目标的实现不能寄希望于播种面积的扩大，要更注重粮食全要素生产率的提高，实现"藏粮于技"。

　　数字经济以数据为关键要素，依托现代信息网络和信息技术，通过优化资源配置、降低交易成本，突破传统价值生产过程对传统生产要素的强路径依赖，进一步赋能传统产业转型升级。2023年12月，第十四届全国人民代表大会常务委员会第七次会议通过《中华人民共和国粮食安全保障法》，其中提到"鼓励农业信息化建设，提高粮食生产信息化、智能化水平，推进智慧农业发展。"数字经济的发展是否真正提高资源利用效率，从而推动粮食生产效率的提升？如果可以推动，是通过哪些渠道产生的影响？上述问题的回答可以为推动数字经济赋能农业高质量发展提供重要的理论依据和实证支持。

本书共包括五个章节。第 1 章是引言，概述研究背景、意义、研究内容和方法；第 2 章是文献综述，回顾了数字经济与农业全要素生产率、粮食全要素生产率的文献并做出文献述评；第 3 章是数字经济发展水平评价，构建了数字经济发展水平评价指数，并对全国以及区域层面的发展水平进行评价分析；第 4 章是粮食全要素生产率测度，构建了粮食全要素生产率测度指标，并对全国层面的粮食全要素生产率进行测算；第 5 章是数字经济发展对粮食全要素生产率的影响，阐述影响的内在逻辑与作用路径，并进行实证分析，提出政策建议。

本书的初衷在于关注数字经济发展推动粮食生产效率等的内在逻辑与作用路径等问题。希望本书能够引发大家的进一步思考，共同为持续推进数字乡村建设、助力农业高质量发展，加快建设农业强国和推动中国式现代化贡献一份研究力量。由于学识、能力有限，本书难免出现疏漏和不足之处，诚恳地希望大家批评指正。

在本书出版之际，衷心感谢中国农业科学院农业信

研究所中央级公益性科研院所基本科研业务费（JBYW-
AII-2024-33）的支持，感谢中国农业出版社编辑老师
的辛勤工作。

著　者

2024 年 10 月

目　录

第1章 引 言

1.1 研究背景

农稳社稷,粮安天下。2023 年中国粮食总产量达到 13 908.2 亿斤*,实现连续 9 年增产。然而在取得如此显著成绩的同时,高强度农业化学品投入边际效益开始下降,必会对中国粮食生产、污染治理和生态保护等方面造成一定的影响。继 2015 年国家开始实施化肥农药零增长行动计划以及 2020 年提出碳达峰碳中和目标后,党的二十大报告亦明确了加快推动绿色发展、扎实推进乡村生态振兴、建设美丽中国的目标。加快绿色发展和可持续改善环境是中国转向高质量发展阶段的重要抓手,需要依靠科技、人力资本等创新要素提高资源配置效率,从传统要素驱动的生产方式和成果转向绿色全要素生产率驱动的生产方式和成果(Wang M. et al.,2021)。

依托以数字技术为代表的新兴技术,数字经济这一新

---

* 斤为非法定计量单位,1 斤＝500 克,下同。

型经济形态得以发展。根据《中国数字经济发展报告》，2014 年中国数字经济规模为 16.2 万亿元，2023 年达到 50.2 万亿元，占 GDP 的比重从 2014 年的 26.1％上升到 2023 年的 41.5％。数字经济在保持规模快速增长的同时，逐步成为国民经济的重要组成部分和增长引擎。政府高度重视数字经济发展，近十年来出台了《互联网＋行动计划》《国家信息技术发展战略纲要》和《数字经济发展战略纲要》等一系列有关数字经济发展的政策文件。"十四五"规划明确提出，在调整优化产业结构和能源结构的同时，加快数字经济和实体经济深度融合，实现全面绿色转型和高质量发展。数字经济以数据为关键要素，依托现代信息网络和信息技术，通过优化资源配置、降低交易成本，突破传统价值生产过程对传统生产要素的强路径依赖，进一步赋能传统产业转型升级，催生新型业态 (Goldfarb A. ，Tucker C. ，2019)。

1.2 研究意义

本研究旨在分析数字经济与粮食生产效率。2023 年末，第十四届全国人民代表大会常务委员会第七次会议通过《中华人民共和国粮食安全保障法》，其中提到"鼓励农业信息化建设，提高粮食生产信息化、智能化水平，推进智慧农业发展。"数字经济的发展是否真正提高资源利用效率,从而推动粮食全要素生产率的提升?如果可以推动,是通过哪些渠道产生影响的?上述问题的回答可以为推动数字经济赋能农业高质量发展提供重要的理论依据和实证支持。

1.3 研究内容与方法

主要研究内容包括三个方面,分别是:

1. 构建数字经济衡量指标体系并进行测算

数字经济的总体范围过于宽泛,数字经济的衡量指标尚未统一。本研究从数字基础设施建设、数字发展能力水平、数字应用水平三个应用方面对数字经济进行测算,包括农业气象观测业务站点个数、移动电话普及率、信息传输、软件和信息技术服务业城镇单位就业人数、人均软件业务收入、人均信息技术服务收入、金融服务水平、企业每百人使用的计算机台数、电子商务销售额占 GDP 比重等二级指标。

2. 测算粮食生产全要素生产率

农业生产的理想状态是在最大化经济产出的同时,不对环境产生负面影响。在确定本研究期望产出的基础上,利用 DEA - Malmqiust 模型,测算粮食生产全要素生产率,并进行粮食全要素生产率的时序演变对比分析等。

3. 数字经济与粮食全要素生产率之间的实证分析

利用 2014—2022 年中国区域面板数据，对数字经济与粮食全要素生产率进行分析，并在前两部分的基础上，进一步厘清数字经济影响粮食全要素生产率的内在逻辑和作用路径。

第 2 章   文献评述

2.1   数字经济

党的二十大报告指出，要"加快发展数字经济，促进数字经济和实体经济深度融合，打造具有国际竞争力的数字产业集群"。数字经济与经济社会各领域融合的广度和深度不断拓展，已经成为我国经济发展中最为活跃的领域（赵涛等，2020）。有关数字经济的文献可谓浩如烟海，总体来看，学者们主要从数字经济的概念内涵、定量测度和影响因素三方面进行研究。

在概念内涵方面，数字经济包含"数字产业化"和"产业数字化"两个方面已经成为学术界较为广泛的共识（杨慧梅和江璐，2021；任雪等，2024）。陈晓红等（2022）指出，数字经济是以数字化信息（包括数据要素）为关键资源，以互联网平台为主要信息载体，以数字技术创新驱动为牵引，以一系列新模式和新业态为表现形式的经济活动。Williams（2021）指出数字经济是主要由数字技术决定的经济产出部分，其业务框架基于数字服务和商品。

在定量测度方面，中国信息通信研究院在 2021 年发布的《中国数字经济发展白皮书》中指出，数字经济发展包括四个部分，即数字产业化、产业数字化、数字化治理、数据价值化。就体系构建而言，学者们大多从多维视角出发构建数字经济指标。杨慧梅和江璐（2021）从数字产业化和产业数字化两个视角对数字经济进行了测度；万晓榆和罗焱卿（2022）从数字基础设施、数字产业、数字融合三个维度构建；张雪玲和焦月霞（2017）则从信息通信基础设施、ICT 初级应用、ICT 高级应用、数字化发展、信息和通信技术五方面进行测度。就方法应用而言，学者们多采用熵权法、莫兰指数、Dagum 基尼系数、核密度估计法等方法进行估计（韩兆安等，2021；王军等，2021；杨勇和岳依洋，2024）。就研究结论而言，王军等（2021）发现数字经济发展的不充分与不平衡问题依然严峻，虽然中国数字经济发展水平逐年递增，但四大区域和五大经济带之间存在显著的异质性。杨勇和岳依洋（2024）则发现区域间差异是地区数字经济水平差异的主要来源，平均贡献率达 60.01%，中部地区的差异主要来自组内，东部和西部地区的差异则主要来自组间。

在影响因素方面，学者们指出数字经济在改善就业环境（戚聿东等，2020）、提高社会生产效率（王开科等，2020）、促进产业结构升级（陈晓东和杨晓霞，2021）、赋能乡村振兴（张蕴萍和栾菁，2022）、缩小城乡收入差距

（李晓钟和李俊雨，2022）、提升企业创新效率（金环等，2024）、提高中国粮食体系韧性（汪振等，2024）、加快能源转型（Lee et al.，2024）、调整就业结构（Qu 和 Fan，2024）等方面均有积极影响。田鸽和张勋（2022）发现数字经济能够依据劳动力技能实现有效的社会分工，并促使劳动报酬和劳动保护水平进一步提升。总体来看，数字经济通过推动要素市场合理化、高级化和一体化，极大地改变了国民经济的生产、消费和分配方式，提供了更加高效的经济运行模式，尤其在规模经济、范围经济以及长尾效应等方面的影响极为显著（裴长洪等，2018；许宪春和张美慧，2020）。

2.2　农业全要素生产率

全要素生产率是经济学中衡量一个国家或地区生产效率的重要指标，反映了在某一时期内，利用所有生产要素（如劳动、资本、土地等）所能产生的产出与这些要素投入之间的比率。农业全要素生产率则是全要素生产率在农业生产活动中的体现。围绕该主题，学术界进行了较为广泛的研究，主要集中在定量测度、重要意义、驱动因素、政策建议四方面。

在定量测度方面，学术界已经形成了包括索洛余值、数据包络分析（杜莉和何格，2024；刘成坤，2024）、随机前沿分析（刘晗等，2015；甘天琦等，2022）等方法为代表的传统测算体系，学者们通过构建一系列指数，如Metafrontier－Malmquist 指数（杜磊等，2022）、Luen-berger－Hicks－Moorsteen 指数（Shen et al.，2019）等进行测度。2023 年 9 月"新质生产力"这一概念提出后，龚斌磊和袁菱苗（2024）基于新质生产力视角，在考虑农业结构变化和农业生产特征的基础上，提出了新的测算体系。就测度结果而言，学者们发现，我国农业全要素生产率增长总体呈现涨跌互现、波动增长的变动趋势，表现出区域差异，整体上呈现中部＞东部＞西部的分布趋势（王嫚嫚等，2024；李婕等，2023）。此外，中国农业全要素生产率增长呈现空间收敛趋势，并表现出区域性、阶段性和结构性特征（史常亮和张益，2021）。Li 和 Zhang（2013）还发现，中国农业全要素生产率增长随时间波动，其波动与政府对农业的支持直接相关。李红艳等（2022）则从黄河流域视角出发，在对黄河流域农业全要素生产率测度后，得出该区域农业全要素生产率整体偏低，并低于全国平均水平，但其增长速度高于全国平均水平，从而与全国的差距逐渐缩小的结论。

在重要意义方面，农业全要素生产率被视为可持续农业发展的关键驱动力，其增长表明农业部门内部资源利用效率和技术进步的提高。同时，农业全要素生产率增长也以各种方式影响经济发展和结构转型。一是生产率更高的农业部门有助于整体经济增长，有助于减轻贫困，尤其是在农村地区；二是生产率提高可以使劳动力从农业向制造业或其他部门进行转移；三是生产率提高可能导致食品价格下降，从而改善消费者的饮食条件；四是提高农业生产率将增加粮食供应，从而有利于减少饥饿和维护粮食安全；五是生产率提高可以缓解与农业活动相关的环境压力（Zhao et al.，2017；Shen et al.，2019；Wang 和 Qian，2024）。总之，农业全要素生产率（TFP）作为衡量农业高质量发展的重要指标之一，提升 TFP 是贯彻新发展理念的必然选择，是构建农业现代化新发展格局的基本要求，也是推动农业高质量发展的关键所在（罗斯炫等，2022）。

在驱动因素方面，学者们多聚焦于农业结构调整（曹壮和余康，2020）、农村基础设施建设（罗斯炫等，2022）、数字普惠金融（唐建军等，2022）、农地租赁（Zhang et al.，2023）、农业技术扩散与市场集中度（李伟等，2024）、土地流转和社会化服务（张利国等，2024）、农业信贷担保（周鸿卫和丁浩洋，2024）等政策冲击对农业全要素生产率的影响。这些政策大多对提高农业全要素生产率产生了积极的推动作用。

在政策建议方面，从影响农业全要素生产率的要素出发，甘天琦等（2022）提出要加强农业技术的推广与应用，在引导土地规模经营的同时，还要积极探索激励土地流转的具体措施。罗斯炫等（2022）则指出应提高农业生产要素质量，改善农村基础设施。王雯（2018）则从加大财政支农投入力度、加快新型农业经营主体培育、加快城乡融合发展三方面提出建议。

粮食全要素生产率是农业全要素生产率的重要组成部分，学者们主要从以下几个方面展开研究：一是定量测度，与农业全要素生产率类似，学者们大多采用数据包络分析和随机前沿分析方法进行测度（范丽霞，2017；林思辰等，2020），我国粮食全要素生产率逐年增长，但呈现区域差异特征（岳会等，2022）；二是测算不同作物的全要素生产率，例如玉米、水稻、小麦等（朱满德等，2015；江松颖等，2016；薛思蒙等，2017；代瑞熙和许世卫，2022）；三是驱动因素，学者们从农机作业服务（张丽和李容，2021）、财政支农补贴（李自强等，2021）、农业技术进步偏向（汪中华和尹妮，2022；王雅秋和刘海滨，2024）等视角展开研究。

2.3 农业绿色全要素生产率

农业绿色全要素生产率是全球减排形势下农业健康发展的关键因素，不仅可以提高粮食产量，还可以最大限度地减少资源消耗并缓解农业污染对环境的不利影响（Chen 和 Gong，2021）。围绕我国农业绿色全要素生产率主题，学术界在以下几个方面进行了较为广泛的研究。

一是定量测度。农业绿色全要素生产率主要集中在农业的投入和产出上，其产出包含非预期产出和预期产出，其中，非预期产出包含农业对环境的负面影响，例如空气污染、地表水污染、土壤污染和自然景观破坏等（Yu et al.，2022）。为了确保测量结果更加严谨和"绿色"，一种代表性的观点是把农业面源污染作为环境约束纳入分析框架，如李谷成（2014）、梁俊和龙少波（2015）等相关研究。在碳减排概念提出后，农业碳排放逐步被引入农业绿色全要素生产率的计算框架（葛鹏飞等，2018）。与农业全要素生产率类似，农业绿色全要素生产率的计算以全要素生产率为主要原则，学术界主要采用数据包络分析、随机前沿分析等方法进行计算（王奇等，2012）。近年来，共同前沿模型得到了较多的应用（葛鹏飞等，2018；吕娜和朱立志，2019；罗玉波等，2024）。就测算结果而言，吕娜和朱立志（2019）发现中国农业绿色全要素生产率指数高于传统全要素生产率指数，葛鹏飞等（2018）得出中国农业绿色全要素生产率年均增长率存在一定的区域差异，在东、中、西部依次递减，在粮食主产区、主销区和平衡区依次下降的结论。郭海红和刘新民（2021）则指出，中国农业绿色全要素生产率的增长速度缓慢，农业绿色集约增长的动力不足。

二是驱动因素。技术进步是农业绿色全要素生产率增长的主要动力，自然环境、经济发展水平、农业结构、财政支农支出、农民收入水平也在一定程度上影响农业绿色全要素生产率的增长（梁俊和龙少波，2015；杨骞等，2019）。He et al.（2021）指出，中国东部农业创新的绿色效率主要由技术进步驱动，而中西部地区农业创新的绿色效率则主要由规模增长驱动。方芳等（2024）指出提高农业绿色全要素生产率需要多因素协同发挥作用，包括政府、市场和社会等多个主体。此外，学者们就各类政策对农业绿色全要素生产率的影响展开实证研究。李晓慧等（2024）指出高标准农田建设政策可以通过促进劳动力转移和种植结构调整的方式对农业绿色全要素生产率产生促进作用；张梅和张涵野（2024）在将黑土地保护政策工具分为供给型、需求型、环境型三类后，指出供给型政策工具通过推动规模经营、需求型政策工具通过拉动市场参与、环境型政策工具通过影响风险感知促进农业绿色全要素生产率提高；Song et al.（2022）指出气候变化通过产出、投入和结构效应对农业绿色全要素生产率产生影响；Yu et al.（2022）通过探究得出碳交易试点政策的实施对农业绿色全要素生产率具有显著的促进作用，且该促进作用越来越强，即使在没有碳交易试点的地区，也存在明显的政策溢出效应。还有学者聚焦农机跨区作业发展（白子明等，2024）、农村基础设施建设（王伟等，2024）、农机购置补贴（田媛和曾令秋，2024）等保障政策对农业绿色全要素生产率的影响。总体来看，农业绿色全要素生产率增长的驱动因素可分为三大类：农业投入因素、政策因素和自然因素。

三是政策建议。付伟等（2022）提出应该不断优化农业产业结构、强化农业技术人才支撑、加大农业财政投入力度等政策建议；罗玉波等（2024）则建议增强各地农业碳汇能力，通过继续优化农村土地流转与土地确权政策推动农业规模化、集约化生产；郭海红和刘新民（2021）则提出应该高度重视农业生产的资源、能源与环境约束，着力提升绿色技术效率，强化正向空间溢出效应，并制定区域差异化增长策略的政策建议。

在粮食绿色全要素生产率的相关研究中，学者们主要聚焦于定量测度和影响因素两方面。在定量测度方面，学者们通过测算得出，我国 30 个省份的粮食绿色全要素生产率总体上比粮食全要素生产率低，呈现出向中部、西南部高效率区集聚的空间特征，并且集聚程度不断增强（周应恒和杨宗之，2021；龚波等，2023）。在驱动因素方面，学者们探究了农业保险（袁加伟，2024）、目标价格补贴政策（李谷成等，2024）、新型城镇化（路雯晶和陈卫洪，2024）等因素对粮食绿色全要素生产率的影响。

2.4　数字经济与农业全要素生产率

在数字经济与农业全要素生产率的相关研究中，学者们多聚焦于数字经济对农业全要素生产率的作用机制和其影响的异质性。蒋团标等（2024）从土地经营效率视角出发，指出土地集约经营效率和土地规模经营效率在数字经济影响农业绿色全要素生产率的过程中分别起显著的中介效应和遮掩效应。黄建康和卢琦（2024）发现，中部地区数字经济赋能对农业全要素生产率的影响大于东部地区和中部地区。史常亮（2024）得出数字经济主要通过改善资本错配和土地错配促进农业全要素生产率增长，通过缓解劳动力错配提升农业全要素生产率的机制尚不明显的结论。林青宁和毛世平（2022）则从产业集聚视角出发，指出数字经济对农业全要素生产率不仅存在显著的正向影响，还在一二产业协同集聚、一三产业协同集聚在农业全要素生产率影响中起到显著的正向调节作用。Hu et al.（2024）指出，数字农村发展对农业全要素生产率具有显著的正向影响，其中农村普惠金融和人力资本起中介作用，且影响具有区域异质性：在粮食主产区和粮食主要消费区更为突出，在粮食平衡消费区则不显著；从地理位置上看，在东部地区的影响比在中西部地区更大；从农业生产类型上看，在畜牧区影响较大，而在种植区的影响相对较小。

2.5 数字经济与农业绿色全要素生产率

与农业全要素生产率相比，农业绿色全要素生产率更加关注环境的可持续性，反映了现代农业发展的趋势。近年来相关研究逐渐增多，而与数字经济的结合也成为学术界较为关注的主题，学者们多聚焦于作用机制和影响异质性。孙红雨和钟青（2024）指出，农村数字经济的发展能够显著促进农业绿色全要素生产率提升，且本地区的农村数字经济会对周边地区农业绿色全要素生产率产生显著的正向空间溢出效应。李钟煌等（2024）发现，数字经济能够通过促进农地流转的方式促进农业绿色全要素生产率的提高，且不同的数字经济发展水平下，该促进作用存在差异。李娟伟和魏宇萌（2024）则指出，绿色技术创新、产业结构高级化和产业协同集聚是数字技术影响黄河流域绿色全要素生产率的三条重要路径。郭海红（2024）研究表明，数字乡村建设既可以直接促进农业绿色全要素生产率提升，也可以通过带动绿色技术进步来促进农业绿色全要素生产率提升，还可以通过降低土地资源错配、资本资源错配、劳动力资源错配程度而间接促进农业绿色全要素生产率提升。马羽花和林桐（2023）发现，经济政策不确定性在数字经济与农业绿色全要素生产率之间存在负向调节效应。杜建军等（2023）指出数字乡村是通过推动农业信息化发展促进农业绿色全要素生产率提高。王晶和徐玉冰（2022）指出数字经济与农业绿色全要素生产率之间还存在以土地规模化经营为门槛的非线性关系，即随着土地规模化经营程度不断提高，数字经济对农业绿色全要素生产率的影响呈现出先降后升的正"U"形趋势。

2.6 文献评述

学术界围绕数字经济、农业全要素生产率和农业绿色全要素生产率等重要概念分别做了较为系统的分析，但仍存在诸多亟待解决的理论和实践问题。

第一，现有研究大多从相对独立的视角探究了数字经济和农业全要素生产率，较少有文献探究二者内在的理论逻辑和现实逻辑，并将其纳入统一的理论分析框架揭示其作用机理。本研究将在科学解构上述概念的基础上，厘清数字经济影响农业全要素生产率的内在逻辑和作用路径。

第二，农业全要素生产率的核心内涵仍需深入讨论，缺乏符合新发展阶段特征的科学解构与测度体系。农业全要素生产率的概念内涵具有明显的时代特征，因时而异。本研究基于新发展阶段，从不同视角和维度对农业全要素生产率构建相应量化测度体系，从而能够更科学地评估新发展阶段农业体系的现代化水平及其动态演进效应。

第三，以往文献尚缺乏对农业全要素生产率增长的政策体系及其实施路径的深入考察。当前，有关农业全要素生产率的政策建议往往相对独立，政策启示也缺乏系统性和创新性。本研究拟提出系统且具有可操作性的政策支持体系，从而为提高农业全要素生产率，最终实现农业现代化提供新保障和新支撑。

第3章 数字经济发展水平评价

本章旨在评价 2014—2022 年我国数字经济发展水平，整理相关文献，构建评价指标体系，分别对数字基础设施建设水平、数字发展能力水平、数字应用水平进行测算，并进行区域间的对比。

关于数字经济评价指标，学术界尚未形成统一的体系。根据研究目的的不同，学者构建的评价指标体系不同。如杨剑和程云龙（2024）构建了互联网产出、互联网普及率、互联网产业从业人数、互联网用户数以及数字普惠金融指数 5 个指标来衡量数字经济的发展；高志刚和胡时豪（2024）构建了数字经济发展水平指标体系，设计了互联网发展、数字普惠金融 2 个二级指标，以及百人中互联网宽带接入用户数、计算机服务和软件业从业人员占城镇从业人员比例、人均电信业务总量、每百人中移动电话用户数、北京大学数字普惠金融指数 5 个三级指标；也有学者构建了乡村数字经济评价指标体系，如杨雨晴和陈灿煌（2024）选取了基础设施数字化、经济产业数字化、民生发展数字化 3 个二级指标，农村互联网普及、农村智能手机普及、农村互联网水平、创新基地建设、金融服务水平、农村投递路线、数字产品消费水平、在线服务发展水平 8 个三级指标。方振和李谷成等（2024）构建了乡村数字基础设施、乡村产业数字化 2 个二级指标，以及农村宽带接入户数/农村总户数、农村居民家庭平均每百户移动电话拥有量、农村居民家庭平均每百户计算机拥有量、北京大学数字普惠金融、农村投递线路长度/省域面积、淘宝村数量/行政村总数量 6 个三级指标来衡量乡村数字经济发展水平。陈卫洪和耿芳艳等（2024）选取了数字化经济环境、数字化基础设施、农业数字转型、生活数字化提升 4 个二级指标，农村通邮率、农村人均用电量、数字化人才拥有量、农村移动电话普及率、农村物流建设水平、农业气象观测站个数、单位产值化肥施用量、单位产值农药使用量、单位产值塑料薄膜使用量、有效灌溉率、农村网络支付水平、农村网络文化建设水平、农村邮政投递水平 13 个三级指标。

3.1 指标选择与计算

本书对数字经济的定义基于《中国数字经济发展研究报告 2023》：以数字化的知识和信息作为关键生产要素，以数字技术为核心驱动力量，以现代信息网络为重要载体，通过数字技术与实体经济深度融合，不断提高经济社

会的数字化、网络化、智能化水平，加速重构经济发展与
治理模式的新型经济形态。从数字基础设施建设、数字发
展能力水平、数字应用水平 3 个维度构建数字经济指数，
包括农业气象观测业务站点个数，移动电话普及率，信息
传输、软件和信息技术服务业城镇单位就业人数，人均软
件业务收入，人均信息技术服务收入，金融服务水平，企
业每百人使用的计算机台数，电子商务销售额占 GDP 比
重 8 个三级指标（表 3-1）。

表 3-1　数字经济测量指标及描述

一级指标	二级指标	三级指标	定义	权重	作用方向
数字经济发展水平（D）	数字基础设施建设（B1）	农业气象观测业务站点数（C1）	农业气象观测业务站点数（个）	0.125	正向
		移动电话普及率（C2）	每百人拥有的移动电话数量（部/百人）	0.125	正向
		信息传输、软件和信息技术服务业城镇单位就业人数（C3）	信息传输、软件和信息技术服务业城镇单位就业人员（万人），其中城镇单位就业人员是指在各级国家机关、党政机关、社会团体及企业、事业单位中工作，取得工资或其他形式的劳动报酬的全部人员	0.125	正向
	数字发展能力水平（B2）	人均软件业务收入（C4）	软件业务收入与常住人口数比值（元/人）	0.125	正向
		人均信息技术服务收入（C5）	信息技术服务收入与常住人口数比值（元/人）	0.125	正向

（续）

一级指标	二级指标	三级指标	定义	权重	作用方向
数字经济发展水平（D）	数字应用水平（B3）	金融服务水平（C6）	北京大学数字普惠金融指数	0.125	正向
		企业每百人使用的计算机台数（C7）	企业中每百人使用的计算机台数（台）	0.125	正向
		电子商务销售额占 GDP 比重（C8）	电子商务销售额与 GDP 的比值（％）	0.125	正向

3.2 数据来源

数字经济发展水平评价的时间跨度为 2014—2022 年，研究对象为中国大陆 31 个省（自治区、直辖市）。数据来源有两方面：金融服务水平数据来自北京大学数字金融研究中心的数字普惠金融指数；其余数据来自国家统计局分省年度数据。同时结合国家统计局对我国区域划分的界定①，将 31 个省（自治区、直辖市）划分为东北、东、中、

---

① 东部包括：北京、天津、河北、上海、江苏、浙江、福建、山东、广东和海南 10 个省（直辖市）。

中部包括：山西、安徽、江西、河南、湖北和湖南 6 个省。

西部包括：内蒙古、广西、重庆、四川、贵州、云南、西藏、陕西、甘肃、青海、宁夏和新疆 12 个省（自治区、直辖市）。

东北包括：辽宁、吉林和黑龙江 3 个省。

西四个区域。

3.3　数字经济发展水平指数测度方法

3.3.1　数据无量纲归一化

首先对数字经济测量指标体系中的 8 个三级指标原始值分别进行指标的无量纲归一化处理。无量纲化是为了消除多指标综合评价中，计量单位上的差异和指标数值的数量级、相对数的形式差别，解决指标的可综合性问题。在本书中，采用极值法进行无量纲归一化处理。

指标归一化：$X_{new1} = \dfrac{X - X_{min}}{X_{max} - X_{min}}$

3.3.2　数字经济发展水平指数计算公式

数字经济发展水平指数（D）的计算：

$$D = \sum_{l=1}^{8} W_l C_l$$

式中，W_l 为权重，C_l 为三级指标，$l = 1$，…，8。

二级指标 Bi 的计算：

当 i＝1 时，$B1 = \sum_{l=1}^{3} \beta_l C_l$，其中 $\beta_1 = \beta_2 = \beta_3 = 0.125$；

当 i＝2 时，$B2 = \sum_{l=4}^{5} \beta_l C_l$，其中 $\beta_4 = \beta_5 = 0.125$；

当 i＝3 时，$B3 = \sum_{l=6}^{8} \beta_l C_l$，其中 $\beta_6 = \beta_7 = \beta_8 = 0.125$。

式中，β_l 为权重；C_l 为三级指标；$B1$、$B2$、$B3$ 分别代表数字经济发展水平的数字基础设施建设、数字产业发展和产业数字化应用指标。

3.4 我国数字经济发展水平状况评价

3.4.1 数字经济发展水平演变趋势

2014—2022 年，我国数字经济发展水平呈稳定上升趋势。数字经济发展指数由 2014 年的 0.15 增至 2022 年的 0.32，上升 0.17 个点，年均增长 9.96%。从分项指数来看，数字基础设施指数由 2014 年的 0.10 增至 2022 年的 0.13，上升 0.03 个点，年均增长 3.60%；数字产业发展指数由 2014 年的 0.01 增长至 2022 年的 0.02，上升 0.01 个点，年均增长 16.85%；产业数字化应用指数由 2014 年的 0.04 增长至 2022 年的 0.17，上升 0.12 个点，年均增长 18.02%。其中，数字产业发展指数、产业数字化应用指数增幅均超过 15%，这表明数字经济融合化发展稳步提升且进一步巩固，与我国数字经济支持政策发展保持高度一致（图 3-1）。

3.4.2 数字经济发展水平区域差异及其演变趋势

图 3-2 描述了 2014—2022 年东、中、西部和东北地区数字经济发展水平指数及其演变趋势。东部、中部、西

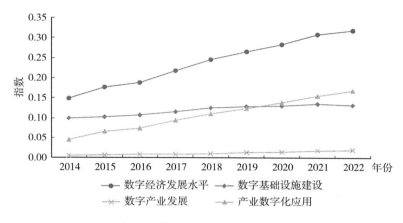

图 3-1　数字经济发展水平指数以及分指数的变化

部和东北地区四大区域采用国家统计局的划分方法。四大区域的数字经济发展水平指数呈逐年上升趋势。从指数均值来看，东部地区（0.31）高于东北地区（0.23），中部（0.20）和西部（0.20）并列位居第三。从指数增速来看，中部地区增速最快，东北地区增速最慢。东部地区数字经济发展指数由 2014 年的 0.206 增至 2022 年的 0.421，上升 0.215 个点，年均增长 9.39%。中部地区数字经济发展指数由 2014 年的 0.117 增至 2022 年的 0.270，上升 0.153 个点，年均增长 11.01%。西部地区数字经济发展指数由 2014 年的 0.119 增至 2022 年的 0.265，上升 0.146 个点，年均增长 10.57%。东北地区数字经济发展指数由 2014 年的 0.15 增至 2022 年的 0.30，上升 0.15 个点，年均增长 8.81%。

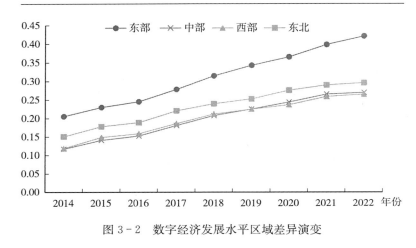

图 3-2　数字经济发展水平区域差异演变

　　表 3-2 至表 3-5 展示了 2014—2022 年东部、中部、西部和东北地区的数字经济发展水平指数及分指数的变化情况。从数字基础设施指数来看，中部地区增长速度最快；东部地区由 2014 年的 0.115 增长至 2022 年的 0.152，上升 0.037 个点，年均增长 3.52%；中部地区由 2014 年的 0.09，增长至 2022 年的 0.125，上升 0.035 个点，年均增长 4.28%；西部地区由 2014 年的 0.086 增长至 2022 年的 0.115，上升 0.029 个点，年均增长 3.63%；东北地区由 2014 年的 0.115 增长至 2022 年的 0.142，上升 0.027 个点，年均增长 2.70%。从数字产业发展指数来看，中部地区增长速度最快；东部地区由 2014 年的 0.014 增长至 2022 年的 0.053，上升 0.039 个点，年均增长 18.53%；中部地区由 2014 年的 0.001 增长至 2022 年的 0.003，上升 0.002 个点，年均增长 19.06%；西部地区

由 2014 年的 0.002 增长至 2022 年的 0.005，上升 0.003 个点，年均增长 14.58％；东北地区由 2014 年的 0.006 增长至 2022 年的 0.005，下降 0.001 个点，年均增长 −3.40％。从产业数字化应用指数来看，中部地区增长速度最快；东部地区由 2014 年的 0.076 增长至 2022 年的 0.216，上升 0.140 个点，年均增长 13.86％；中部地区由 2014 年的 0.027 增长至 2022 年的 0.141，上升 0.114 个点，年均增长 23.23％；西部地区由 2014 年的 0.031 增长至 2022 年的 0.146，上升 0.115 个点，年均增长 21.42％；东北地区由 2014 年的 0.03 增长至 2022 年的 0.149，上升 0.119 个点，年均增长 22.38％。整体来看，得益于促进中部地区加快崛起政策，中部地区在增速方面比较亮眼。

表 3 - 2　东部地区数字经济发展水平指数及分指数

年份	数字经济发展水平	数字基础设施建设	数字产业发展	产业数字化应用
2014	0.206	0.115	0.014	0.076
2015	0.230	0.117	0.016	0.097
2016	0.245	0.121	0.019	0.105
2017	0.279	0.128	0.022	0.128
2018	0.315	0.141	0.027	0.146
2019	0.343	0.146	0.032	0.165
2020	0.366	0.145	0.039	0.182
2021	0.399	0.152	0.047	0.199
2022	0.421	0.152	0.053	0.216

表3-3 中部地区数字经济发展水平指数及分指数

年份	数字经济 发展水平	数字基础 设施建设	数字产业发展	产业数字化应用
2014	0.117	0.090	0.001	0.027
2015	0.141	0.095	0.001	0.045
2016	0.153	0.098	0.001	0.053
2017	0.181	0.106	0.002	0.074
2018	0.208	0.115	0.002	0.091
2019	0.225	0.120	0.002	0.103
2020	0.244	0.126	0.003	0.116
2021	0.265	0.130	0.003	0.133
2022	0.270	0.125	0.003	0.141

表3-4 西部地区数字经济发展水平指数及分指数

年份	数字经济 发展水平	数字基础 设施建设	数字产业发展	产业数字化应用
2014	0.119	0.086	0.002	0.031
2015	0.149	0.091	0.002	0.056
2016	0.159	0.096	0.002	0.061
2017	0.186	0.105	0.002	0.079
2018	0.212	0.116	0.003	0.093
2019	0.225	0.116	0.004	0.105
2020	0.237	0.116	0.004	0.116
2021	0.259	0.120	0.005	0.134
2022	0.265	0.115	0.005	0.146

表 3 - 5　东北地区数字经济发展水平指数及分指数

年份	数字经济 发展水平	数字基础 设施建设	数字产业发展	产业数字化应用
2014	0.151	0.115	0.006	0.030
2015	0.178	0.119	0.007	0.053
2016	0.189	0.123	0.005	0.061
2017	0.221	0.130	0.005	0.085
2018	0.240	0.135	0.004	0.101
2019	0.253	0.135	0.004	0.113
2020	0.276	0.145	0.004	0.127
2021	0.290	0.146	0.004	0.139
2022	0.296	0.142	0.005	0.149

第4章 粮食全要素生产率测度

　　全要素生产率不仅是驱动经济长期增长的根本源泉，而且是农业发展质量的重要体现。提升农业竞争力的核心在于提高农业全要素生产率。本章旨在运用 DEA－Malmqiust 测算粮食的全要素生产率，并进行粮食全要素生产率的时序演变及省份间对比分析。

4.1　指标选取与数据来源

4.1.1　指标选取

　　本研究指标的选取，参考已有的研究进展以及农业生产要素理论，选择产出和投入两个变量。具体见表 4－1。

　　1. 产出变量

　　本研究中的产出变量为粮食单产数据，单位为千克/亩*。

---

*　亩为非法定计量单位，1 亩＝1/15 公顷，下同。

2. 投入变量

投入变量包括劳动、土地和资本等。其中劳动投入选择每亩用工天数作为代理变量；土地选择每亩土地成本；资本包括机械、农药的投入以及种子、化肥的施用量（表4-1）。

表4-1　投入/产出指标体系

指标类型	具体指标	指标解释
产出指标	粮食产量	粮食单产（千克/亩）
投入指标	劳动投入	粮食亩均用工天数（日/亩）
	土地投入	粮食亩均土地成本（元/亩）
	机械投入	粮食亩均机械作业费用（元/亩）
	种子投入	粮食亩均种子用量（千克/亩）
	化肥投入	粮食亩均化肥（折纯）施用量（千克/亩）

4.1.2　数据来源

本章数据来自国家统计局以及（2015—2023年）《全国农产品成本收益资料汇编》。

4.2　我国粮食生产情况

4.2.1　粮食总产量

粮食总产量是反映粮食生产情况的重要指标之一。粮食总产量是指在一定时期内，一个地区或国家所有粮食作物的总产量，指农业生产经营者在日历年度内生产的全部粮食数量。按收获季节包括夏收粮食、早稻和秋收粮食，按作物品种包括谷物、薯类和豆类。2014—2023 年，我国粮食总产量由 63 964.83 万吨增加至 69 540.99 万吨，增长 5 576.16 万吨。我国粮食产量连上台阶，粮食综合生产能力不断提升，粮食稳产保供能力不断加强（图 4-1）。

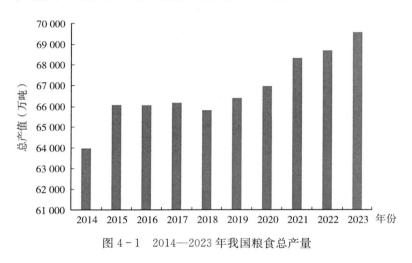

图 4-1　2014—2023 年我国粮食总产量

4.2.2　粮食生产要素投入

在粮食生产过程中，主要的生产要素可以分为劳动力投入、资本投入等。

1. 劳动投入

劳动投入用粮食亩均用工天数来评价。由表 4-2 可以看到，2014 年以来，我国粮食生产亩均用工一直呈下降趋势，由 2014 年的亩均用工 5.87 天减少到 2022 年的 4.17 天。这主要得益于我国农业机械化率以及技术创新的不断提升，替代了部分人力劳动，减少了劳动投入。

表 4-2　粮食亩均用工天数

年份	2014	2015	2016	2017	2018	2019	2020	2021	2022
用工天数（天）	5.87	5.61	5.31	5.04	4.81	4.64	4.44	4.33	4.17

2. 土地投入

土地是粮食生产的最根本要素，是粮食生产的命根子。土地投入是指土地作为一种生产要素投入生产中的成本，包括流转地租金和自营地折租。由表 4-3 可以看到，我国粮食生产投入的土地成本在逐年增加，占粮食生产成本比重也在增加，由 23.59% 增加至 28.80%。

表 4-3　粮食亩均土地成本

年份	2014	2015	2016	2017	2018	2019	2020	2021	2022
土地成本（元/亩）	203.94	217.76	222.27	215.58	224.87	233.25	238.82	257.54	280.09
占生产成本比重（%）	23.59	24.96	25.51	24.89	25.88	26.64	27.11	28.63	28.80

3. 机械投入

机械作业费用是粮食生产过程中主要的机械投入成本。由表 4-4 可以发现，我国粮食生产机械投入成本在逐年增加，由 2014 年的 134.08 元/亩，增加至 2022 年的 171.24 元/亩。近年来我国农业机械化加快发展，伴随着农作物耕种收机械化率不断提升，农业机械对农业劳动力的替代作用日益凸显，粮食生产机械投入成本随之提高。

表 4-4　粮食亩均机械投入

年份	2014	2015	2016	2017	2018	2019	2020	2021	2022
机械作业费用（元/亩）	134.08	139.6	142.79	145.72	148.81	151.02	154.21	156.72	171.24

4. 种子投入

种子是农业"芯片"，是农业高质量发展的源头，关乎国家粮食安全。种子投入包含着科技进步因素，近年来我国粮食亩均种子用量基本持平，由 2014 年的 6.93 千克/亩增加至 2022 年的 7.49 千克/亩（表 4-5）。

表 4-5　粮食亩均种子投入

年份	2014	2015	2016	2017	2018	2019	2020	2021	2022
种子投入量（千克/亩）	6.93	6.94	7.04	7.12	7.19	7.24	7.32	7.36	7.49

5. 化肥投入

化肥作为重要的农业生产投入品，实现了耕地面积基本稳定条件下的粮食高产稳产，为国家粮食安全做出了重要贡献。由表 4-6 可知，近年来我国粮食生产投入的化肥折纯量呈缓慢上升走势，由 2014 年的 24.08 千克/亩略增至 2022 年的 25.61 千克/亩。

表 4-6　粮食亩均化肥投入量（折纯）

年份	2014	2015	2016	2017	2018	2019	2020	2021	2022
化肥投入量（千克/亩）	24.08	24.11	24.93	25.07	24.91	25.15	25.49	25.54	25.61

4.3　农业全要素生产率测算方法

本研究从农业期望产出视角分析农作物的全要素生产率，粮食全要素生产率是指粮食产业在某一年度内产出与土地、劳动力、资本等要素投入成本的比值，利用 DEA-Malmqiust 模型进行测量。计算公式为：

某省份 i 粮食在 t 时期相对于 s 时期（$s=2012$）的 TFP 指数测量公式：

$$TFP_{is,it} = \frac{TFP_{it}}{TFP_{is}} = \frac{Q_{it}/X_{it}}{Q_{is}/X_{is}} = \frac{Q_{is,it}}{X_{is,it}}$$

式中，Q_{it} 代表某省份 i 粮食在 t 时期的产出，Q_{is} 代表某省份 i 粮食在 s 时期的产出。X_{it} 代表某省份 i 粮食在 t 时期的投入，X_{is} 代表某省份 i 粮食在 s 时期的投入。$Q_{is,it} = Q_{it}/Q_{is}$ 代表产出量指数，$X_{is,it} = X_{it}/X_{is}$ 代表投入量指数。

$D_O(\cdot)$ 和 $D_I(\cdot)$ 分别代表 Shepard 产出距离函数及投入距离函数（产出距离函数表示产出向量能够向生产前沿

面的扩张程度，投入距离函数表示投入向量能够向生产前沿面缩减的程度）。则 Malmquist - hs 指数法计算 TFP 指数的公式可以表示为：

$$TFP_{is,it} = \frac{D_O(x_{is},q_{it},s)}{D_O(x_{is},q_{is},s)} \frac{D_I(x_{is},q_{is},s)}{D_I(x_{it},q_{is},s)}$$

4.4　粮食全要素生产率测度结果

运用软件对 2014—2022 年我国粮食全要素生产率进行测算，结果见表 4 - 7，2014 年设定为基期值为 1。由结果可知，2014—2022 年我国粮食全要素生产率总体呈持续增长态势，全要素生产率均值为 1.21，年均增长 4.57%，这表明我国粮食生产的资源要素配置效率不断提升，进一步推动我国农业提质增效。

表 4 - 7　2014—2022 年粮食全要素生产率

年份	2014	2015	2016	2017	2018	2019	2020	2021	2022
粮食全要素生产率	1.00	1.04	1.07	1.16	1.16	1.30	1.31	1.40	1.43

第5章 数字经济发展对粮食全要素生产率的影响

已有研究虽已证实数字经济对农业全要素生产率具有正向的促进作用，但缺乏内在逻辑与作用路径的阐述。本部分在第三章和第四章基础上，进一步厘清数字经济影响粮食全要素生产率的内在逻辑和作用路径。

5.1 数字经济发展影响粮食全要素生产率的内在逻辑

数字经济对粮食全要素生产率的影响具有以下内在逻辑：

首先，数字经济有助于提升粮食生产效率，进而提高粮食全要素生产率。数字经济的发展推动了智能技术的应用，包括物联网、大数据分析、人工智能等技术在粮食生产中的运用。这些技术可以实现粮食生产过程的智能化管理和监控，提高粮食播种、施肥、灌溉、收获等环节的效率。此外，数字经济发展为粮食产业提供了丰富的气象数据、土壤信息、市场需求等数字化信息资源。农民和农业从业者可以通过数字化农业信息服务获取决策支持，优化种植结构、合理安排农业生产计划等，从而提高生产效率。

其次，数字经济有助于优化资源配置，进而提升粮食全要素生产率。数字经济为农民和农业从业者提供了数字化培训资源，使得农民和农业从业者更容易获取先进的农业生产技术和管理方法，提升了从业者的生产技能和水平，优化了粮食生产中人力资本的配置。此外，在数字经济时代粮食生产产生了海量数据，通过大数据的分析，可以更进一步了解粮食生产的规律和趋势，优化生产投入的资源配置，提高资源的利用效率。

基于以上内在逻辑，数字经济对粮食全要素生产率的提升具有重要的推动作用。通过数字化技术在农业领域的应用，可以实现粮食生产的智能化、信息化和高效化，进而提高粮食全要素生产率，促进粮食产业的可持续发展。

5.2 数字经济对粮食全要素生产率的作用路径

数字经济对粮食全要素生产率的作用路径可以从以下两个方面展开：

数字经济可以提升粮食生产资料投入的利用效率。主要体现在两个方面：一方面，乡村数字经济基础设施的建设有助于粮食生产资料的精准控制，可提升已有粮食生产资料的使用效率。具体而言，数字基础设施的建设能够实现粮食精准化生产，充分发挥机械装备的作业能力和分工分业专业化服务的效率，降低作业成本，提升已有农业生产资料的效率。另一方面，数字化应用中的农村电子商务发展能够有效简化农资的交易流程，降低农户和农业从业者购买农资的交易时间、交易费用，优化了农资获取的成本，提高了农资供应链效率。

数字经济可以推动农业科技创新，加快农业科技的推广力度。一是数字经济推动了智能农业技术的发展，包括物联网、传感器技术、自动化设备等的应用。通过智能化农业生产系统，农业生产者可以实现自动化管理、精准施肥、智能灌溉等操作，提高生产效率，减少资源浪费，降低生产成本。二是数字经济为农业科技创新提供了新的机遇和平台。农业生产者可以通过数字化平台获取最新的农业科技知识和技术，与专家学者进行在线交流和合作，促进农业生产技术的创新和应用。数字经济带来的知识共享和合作机制有助于提高农业生产者的技术水平和创新能力，推动生产效率的提升。三是数字经济为农业从业者提供了数字化培训和教育资源，帮助他们掌握先进的农业生产技术和管理方法，促使从业者采用新技术，促进科技进步，进而提高生产效率和质量。

数字经济的发展，为粮食生产提供了新的机遇和挑战，通过提升粮食生产资料利用效率、推动农业科技创新、加快农业科技推广力度等作用路径，对粮食全要素生产率的提升起到了重要的推动作用。

5.3　相关性分析

两变量的 Pearson 相关性分析结果见表 5-1，通过 Pearson 相关性分析发现，数字经济发展水平与粮食全要素生产率具有显著的正相关，与预期影响方向一致，且在双侧显著性检验 0.01 水平上显著相关。这表明，数字经济发展对粮食全要素生产率具有积极的促进作用，数字经济发展水平越高，粮食全要素生产率越高。

表 5-1　数字经济发展对粮食生产全要素生产率的 Pearson 相关性分析结果

变量	Pearson 相关系数	P 值（双侧）	预期方向
数字经济发展水平	0.098 5**	0.000	＋

注：＊＊表示在 0.01 水平（双侧）上显著相关；"＋"表示预期影响方向为正。

5.4　政策启示

数字经济的发展对粮食生产全要素生产率具有显著的促进作用，为粮食生产提供了新的机遇和挑战，为此本研究提出如下政策启示：

（1）基于数字经济能够提升粮食全要素生产率的基本事实，应持续推进数字乡村建设，重视乡村数字基础设施建设，促进数字经济与现代农业生产深度融合，拓宽数字技术在粮食生产中的应用程度。

（2）加大对数字经济发展相关政策的引导和支持，为数字乡村发展提供良好的政策环境。良好的政策环境是数字经济发展的重要支撑，应继续完善相关支持政策，加大对数字经济重点领域和重大项目的支持力度，支持农业数字化转型项目，为数字经济发展注入政策力量。

（3）应强化对农村数字化人才的培训，增强农民的数字化素养。人才是数字经济发展的动力，数字经济的发展离不开高素质的人才。应着重营造人才成长与积累环境，加强农村数字化人才的培训，提升农民数字化素养，为数字经济全面推动农业高质量发展提供人才支撑。

参 考 文 献

[1] 白子明，张筱晨，李翠霞. 农机跨区作业发展对农业绿色全要素生产率的影响——基于空间溢出效应视角 [J]. 农业现代化研究，2024，45（3）：443-454.

[2] 曹壮，余康. 农业结构调整对农业全要素生产率增长的影响效应 [J]. 浙江农林大学学报，2020，37（2）：357-365.

[3] 陈卫洪，耿芳艳，王莹，等. 乡村数字经济发展对生态旅游的影响——基于中国26个省份的异质性分析 [J]. 生态经济，2024，40（5）：154-163，138-145.

[4] 陈晓东，杨晓霞. 数字经济发展对产业结构升级的影响——基于灰关联熵与耗散结构理论的研究 [J]. 改革，2021（3）：26-39.

[5] 陈晓红，李杨扬，宋丽洁，等. 数字经济理论体系与研究展望 [J]. 管理世界，2022，38（2）：208-224，13-16.

[6] 成德宁，黄诗琪. 农村数字化能提高农业全要素生产率吗？[J]. 农业经济与管理，2024（2）：38-51.

[7] 杜建军，章友德，刘博敏，等. 数字乡村对农业绿色全要素生产率的影响及其作用机制 [J]. 中国人口·资源与环境，2023，33（2）：165-175.

[8] 杜磊，田明华，马爽，等. 中国农业全要素生产率的测度与演进特征分析——基于中国283个地级市的经验证据 [J]. 四川农业大学学报，2022（4）：619-624.

[9] 杜莉，何格. 土地流转、劳动力城乡流动与农业全要素生产率：理

论与实证 [J]. 农村经济，2024 (1)：93 - 101.

[10] 范丽霞. 中国粮食全要素生产率的分布动态与趋势演进——基于 1978—2012 年省级面板数据的实证 [J]. 农村经济，2017 (3)：49 - 54.

[11] 方芳，张立杰，赵军. 制度组态视角下提升农业绿色全要素生产率的多元路径探析——基于动态 QCA 的面板数据分析 [J]. 中国农村经济，2024 (2)：44 - 66.

[12] 方振，李谷成，音永欣，等. 乡村数字经济发展水平测度及其对农业生产率增长的影响 [J]. 中国农业大学学报，2024，29 (5)：252 - 268.

[13] 付伟，李梦柯，罗明灿，等. 我国农业绿色全要素生产率时空演变与区域异质性分析 [J]. 江苏农业科学，2023，51 (23)：227 - 235.

[14] 甘天琦，杜建国，李波. 中国县域农业全要素生产率的分异特征与驱动因素 [J]. 经济问题，2022 (4)：101 - 107.

[15] 高志刚，胡时豪. 数字经济对区域经济韧性影响的测度研究 [J]. 价格理论与实践，2024 (1)：140 - 144.

[16] 葛鹏飞，王颂吉，黄秀路. 中国农业绿色全要素生产率测算 [J]. 中国人口·资源与环境，2018，28 (5)：66 - 74.

[17] 龚斌磊，袁菱苨. 新质生产力视角下的农业全要素生产率：理论、测度与实证 [J]. 农业经济问题，2024 (4)：68 - 80.

[18] 龚波，胡颖. 我国粮食绿色全要素生产率的时空演变分析 [J]. 湖南农业科学，2023 (12)：81 - 87.

[19] 郭海红，刘新民. 中国农业绿色全要素生产率的时空分异及收敛性 [J]. 数量经济技术经济研究，2021，38 (10)：65 - 84.

[20] 郭海红，刘新民. 中国农业绿色全要素生产率时空演变 [J]. 中国管理科学，2020，28 (9)：66 - 75.

[21] 郭海红. 数字乡村建设、资源要素错配与农业绿色全要素生产率

［J］. 中国地质大学学报（社会科学版），2024，24（1）：102-116.

［22］韩兆安，赵景峰，吴海珍. 中国省际数字经济规模测算、非均衡性与地区差异研究［J］. 数量经济技术经济研究，2021，38（8）：164-181.

［23］黄建康，卢琦. 数字经济对农业全要素生产率的影响研究［J］. 生产力研究，2024（5）：83-87.

［24］蒋团标，钟敏，马国群. 数字经济对农业绿色全要素生产率的影响——基于土地经营效率的中介作用分析［J］. 中国农业大学学报，2024，29（4）：27-39.

［25］金环，于立宏，徐远彬. 数字经济、要素市场化与企业创新效率［J］. 经济评论，2024（5）：20-36.

［26］李谷成，叶锋，贺亚琴. 目标价格补贴政策改革对粮食全要素生产率的影响研究——来自全国大豆种植户的微观证据［J］. 华中农业大学学报（社会科学版），2024（1）：1-14.

［27］李谷成. 中国农业的绿色生产率革命：1978—2008年［J］. 经济学（季刊），2014，13（2）：537-558.

［28］李红艳，王菲，赵震. 黄河流域农业全要素生产率测度与时空演变特征分析［J］. 统计与决策，2022，38（23）：74-79.

［29］李婕，王玉斌，程鹏飞. 中国农业全要素生产率的时空演变差异及内源构成［J］. 中国农业大学学报，2023，28（2）：240-252.

［30］李娟伟，魏宇萌. 数字技术创新与绿色全要素生产率：来自黄河流域的经验证据［J］. 财经理论研究，2024（2）：95-112.

［31］李伟，董涵，石贝贝. 农业技术扩散与市场集中度对我国农业全要素生产率的影响效应［J］. 南方农业学报，2024，55（7）：2192-2200.

［32］李晓慧，李谷成，高扬. 高标准农田建设提升农业绿色全要素生产率的研究——基于连续型双重差分的实证检验［J］. 中国农业资源

与区划，2024，45（5）：32 - 43.

[33] 李晓钟，李俊雨．数字经济发展对城乡收入差距的影响研究［J］．农业技术经济，2022（2）：77 - 93.

[34] 李钟煌，张东玲，张国庆．数字经济发展何以助力农业绿色生产——基于农地流转视角的实证分析［J］．山东农业大学学报（社会科学版），2024，26（1）：49 - 61.

[35] 李自强，李晓云，孙倩，等．财政支农补贴能有效提升粮食全要素生产率吗？——兼顾农业技术环境的调节作用探讨［J］．中国农业大学学报，2021，26（8）：236 - 252.

[36] 梁俊，龙少波．农业绿色全要素生产率增长及其影响因素［J］．华南农业大学学报（社会科学版），2015（3）：1 - 12.

[37] 林青宁，毛世平．产业协同集聚、数字经济与农业全要素生产率［J］．中国农业大学学报，2022，27（8）：272 - 286.

[38] 林思辰，刘林煦，张利国．中部地区粮食全要素生产率实证分析——基于 2009—2018 年省际面板数据［J］．南昌航空大学学报（社会科学版），2020，22（3）：64 - 70.

[39] 刘成坤．新型城镇化能否提高农业全要素生产率——基于地级市面板数据的分析［J］．中国农业资源与区划，2024，45（4）：116 - 130.

[40] 刘晗，王钊，姜松．基于随机前沿生产函数的农业全要素生产率增长研究［J］．经济问题探索，2015（11）：35 - 42.

[41] 路雯晶，陈卫洪．新型城镇化对粮食绿色全要素生产率的影响——兼论中介效应与调节效应［J］．中国生态农业学报（中英文），2024，32（3）：529 - 545.

[42] 罗斯炫，何可，张俊飚．改革开放以来中国农业全要素生产率再探讨：基于生产要素质量与基础设施的视角［J］．中国农村经济，2022（2）：115 - 136.

［43］罗玉波，朱晨曦，王春云．基于共同前沿理论的中国农业绿色全要素生产率测度及"追赶"效应解析［J］．农林经济管理学报，2024，23（1）：30-40.

［44］吕娜，朱立志．中国农业环境技术效率与绿色全要素生产率增长研究［J］．农业技术经济，2019（4）：95-103.

［45］马羽花，林桐．数字经济对农业绿色全要素生产率的影响——基于经济政策不确定性的调节效应研究［J］．西部金融，2023（7）：38-47.

［46］裴长洪，倪江飞，李越．数字经济的政治经济学分析［J］．财贸经济，2018，39（9）：5-22.

［47］戚聿东，刘翠花，丁述磊．数字经济发展、就业结构优化与就业质量提升［J］．经济学动态，2020（11）：17-35.

［48］史常亮，张益．中国农业全要素生产率增长收敛吗？——基于空间视角的分析［J］．内蒙古社会科学，2021，42（1）：137-146.

［49］史常亮．数字经济赋能农业全要素生产率增长：效应与机制［J］．华南农业大学学报（社会科学版），2024，23（3）：94-109.

［50］唐建军，龚教伟，宋清华．数字普惠金融与农业全要素生产率——基于要素流动与技术扩散的视角［J］．中国农村经济，2022（7）：81-102.

［51］田媛，曾令秋．农机购置补贴对农业绿色全要素生产率的影响研究［J］．西部论坛，2024，34（2）：94-109.

［52］田鸽，张勋．数字经济、非农就业与社会分工［J］．管理世界，2022，38（5）：72-84，311.

［53］万晓榆，罗焱卿．数字经济发展水平测度及其对全要素生产率的影响效应［J］．改革，2022（1）：101-118.

［54］汪振，刘滨，朱家仪．数字经济对中国粮食体系韧性的影响［J］．中国农业大学学报，2024，29（11）：261-275.

[55] 汪中华，尹妮. 农业技术进步偏向对粮食全要素生产率的影响 [J]. 农业现代化研究，2022，43（6）：1029 - 1041.

[56] 王晶，徐玉冰. "双碳"目标下数字经济对农业绿色全要素生产率 的影响 [J]. 北方园艺，2022（24）：130 - 138.

[57] 王军，朱杰，罗茜. 中国数字经济发展水平及演变测度 [J]. 数量 经济技术经济研究，2021，38（7）：26 - 42.

[58] 王开科，吴国兵，章贵军. 数字经济发展改善了生产效率吗 [J]. 经济学家，2020（10）：24 - 34.

[59] 王嫚嫚，沈洲，高奇正. 基于投入—产出统一性框架的中国农业 全要素生产率时空变迁 [J]. 浙江农业学报，2024，36（2）：441 - 454.

[60] 王奇，王会，陈海丹. 中国农业绿色全要素生产率变化研究：1992—2010 年 [J]. 经济评论，2012（5）：24 - 33.

[61] 王淑红，杨志海. 农业劳动力老龄化对粮食绿色全要素生产率变动 的影响研究 [J]. 农业现代化研究，2020，41（3）：396 - 406.

[62] 王雯. 中国农业全要素生产率的驱动因素分析与对策研究 [J]. 学 习与探索，2018（9）：126 - 131.

[63] 王雅秋，刘海滨. 黄河流域城市粮食全要素生产率分区差异及技术 落差研究 [J]. 经济问题，2024（8）：121 - 128.

[64] 许宪春，张美慧. 中国数字经济规模测算研究——基于国际比较的 视角 [J]. 中国工业经济，2020（5）：23 - 41.

[65] 杨慧梅，江璐. 数字经济、空间效应与全要素生产率 [J]. 统计研 究，2021，38（4）：3 - 15.

[66] 杨剑，程云龙. 数字经济、环境规制与可持续发展耦合协调度时空 分异及影响因素研究 [J]. 生态经济，2024，40（5）：154 - 163.

[67] 杨骞，王珏，李超，等. 中国农业绿色全要素生产率的空间分异及 其驱动因素 [J]. 数量经济技术经济研究，2019，36（10）：21 - 37.

[68] 杨勇，岳依洋. 中国省际数字经济发展不平衡的特征、测度及演化趋势 [J]. 华东经济管理，2024，38（9）：28-40.

[69] 杨雨晴，陈灿煌. 乡村数字经济与农村三产融合协调发展的时空分异与收敛性研究 [J]. 华北水利水电大学学报（社会科学版），2024，40（6）：14-27.

[70] 袁加伟. 农业保险对粮食绿色全要素生产率的影响研究——以长江经济带为例 [J]. 安徽农业科学，2024，52（5）：231-235，250.

[71] 岳会，于法稳，蔡馨燕. 我国粮食全要素生产率测算研究——基于投入产出的 Malmquist-DEA 分析 [J]. 价格理论与实践，2022（5）：122-125.

[72] 张丽，李容. 农机作业服务是否影响粮食全要素生产率——基于农业分工的调节效应 [J]. 农业技术经济，2021（9）：50-67.

[73] 张利国，冷浪平，杨胜苏，等. 土地流转和社会化服务对农业全要素生产率的影响实证分析 [J]. 经济地理，2024，44（4）：181-189，240.

[74] 张梅，张涵野. 黑土地保护政策工具对农业绿色全要素生产率影响及其空间差异 [J]. 经济地理，2024，44（7）：165-174.

[75] 张雪玲，焦月霞. 中国数字经济发展指数及其应用初探 [J]. 浙江社会科学，2017（4）：32-40，157.

[76] 张蕴萍，栾菁. 数字经济赋能乡村振兴：理论机制、制约因素与推进路径 [J]. 改革，2022（5）：79-89.

[77] 赵涛，张智，梁上坤. 数字经济、创业活跃度与高质量发展——来自中国城市的经验证据 [J]. 管理世界，2020，36（10）：65-76.

[78] 周鸿卫，丁浩洋. 农业信贷担保政策实施对农业全要素生产率的影响 [J]. 中国农村观察，2024（2）：24-45.

[79] 周应恒，杨宗之. 生态价值视角下中国省域粮食绿色全要素生产率时空特征分析 [J]. 中国生态农业学报（中英文），2021，29

(10): 1786 - 1799.

[80] Chen S, Gong B. Response and adaptation of agriculture to climate change: Evidence from China [J]. Journal of Development Economics, 2021 (148): 102557.

[81] Goldfarb A. , Tucker C. Digital Economics [J]. Joural of economic literature, 2019, 57 (1): 3 - 43.

[82] He W, Li E, Cui Z. Evaluation and influence factor of green efficiency of China's agricultural innovation from the perspective of technical transformation [J]. Chinese Geographical Science, 2021 (31): 313 - 328.

[83] Hu Y, Liu J, Zhang S, et al. New mechanisms for increasing agricultural total factor productivity: Analysis of the regional effects of the digital economy [J]. Economic Analysis and Policy, 2024 (83): 766 - 785.

[84] Lee C C, Fang Y, Quan S, et al. Leveraging the power of artificial intelligence toward the energy transition: The key role of the digital economy [J]. Energy Economics, 2024 (135): 107654.

[85] Qu Y, Fan S. Is there a "Machine Substitution"? How does the digital economy reshape the employment structure in emerging market countries [J/OL]. Economic Systems, 2024: 101237.

[86] Shen Z, Baležentis T, Ferrier G D. Agricultural productivity evolution in China: A generalized decomposition of the Luenberger-Hicks-Moorsteen productivity indicator [J]. China Economic Review, 2019 (57): 101315.

[87] Song Y, Zhang B, Wang J, et al. The impact of climate change on China's agricultural green total factor productivity [J]. Technological Forecasting and Social Change, 2022 (185): 122054.

［88］ Wang Y, Qian Y. Driving factors to agriculture total factor productivity and its contribution to just energy transition ［J］. Environmental Impact Assessment Review, 2024 (105): 107369.

［89］ Wang M., Pang S., Hmani I., et al. Towards sustainable development: how does technological innovation drive the increase in green total factor productivity? Sustainable Development, 2021, 29 (1), 217 - 227.

［90］ Williams L D. Concepts of Digital Economy and Industry 4. 0 in Intelligent and information systems ［J］. International Journal of Intelligent Networks, 2021 (2): 122 - 129.

［91］ Yu D, Liu L, Gao S, et al. Impact of carbon trading on agricultural green total factor productivity in China ［J］. Journal of Cleaner Production, 2022 (367): 132789.

［92］ Zhang X, Hu L, Yu X. Farmland Leasing, misallocation Reduction, and agricultural total factor Productivity: Insights from rice production in China ［J］. Food Policy, 2023 (119): 102518.

［93］ Zhao Q, Chen Q, Xiao Y, et al. Saving forests through development? Fuelwood consumption and the energy-ladder hypothesis in rural southern China ［J］. Transformations in Business & Economics, 2017, 16 (3).

［94］ Zhou L I, Zhang H P. Productivity growth in China's agriculture during 1985—2010 ［J］. Journal of Integrative Agriculture, 2013, 12 (10): 1896 - 1904.